Exemplaire de Barre

VENTE

Du Samedi 18 Avril 1874

HOTEL DROUOT, SALLE N° 1

COLLECTION DE M. P...

TABLEAUX
ANCIENS

SIX PANNEAUX DÉCORATIFS

PAR GANDOLFI

Me CHARLES OUDART, COMMISSAIRE-PRISEUR

M. ÉMILE BARRE, EXPERT

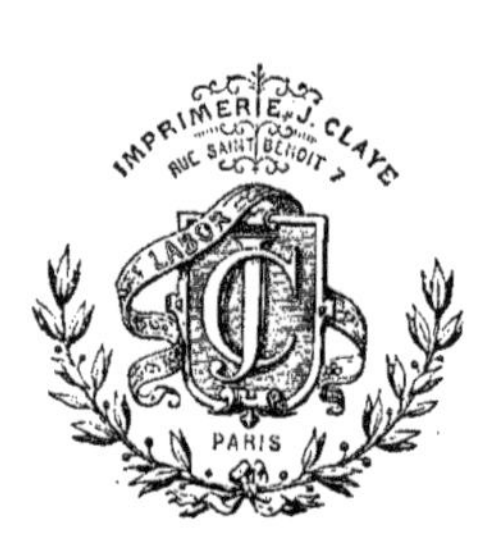
IMPRIMERIE J. CLAYE
RUE SAINT BENOIT 7
LABOR
PARIS

CONDITIONS DE LA VENTE

Elle sera faite au comptant.

Les acquéreurs payeront *cinq centimes par franc,* en sus des enchères, applicables aux frais.

L'Exposition mettant les Adjudicataires à même de se rendre compte de l'état et de la nature des objets, il ne sera admis aucune réclamation une fois l'adjudication prononcée.

CATALOGUE

DE

TABLEAUX

ANCIENS

PARMI LESQUELS

SIX PANNEAUX DÉCORATIFS

PAR GANDOLFI

PROVENANT POUR LA PLUS GRANDE PARTIE

DE LA COLLECTION DE M. P...

Dont la Vente aura lieu

HOTEL DROUOT, SALLE N° 1

Le Samedi 18 Avril 1874

A DEUX HEURES

PAR LE MINISTÈRE DE M° **CHARLES CUDART**, COMMISSAIRE-PRISEUR

31, rue Le Peletier

ASSISTÉ DE **M. ÉMILE BARRE**, EXPERT

20, Chaussée-d'Antin

Chez lesquels se délivre le présent Catalogue

EXPOSITION PUBLIQUE

LE VENDREDI 17 AVRIL 1874, DE 1 HEURE 1/2 A 5 HEURES 1/2

DÉSIGNATION

ALST (Van)

1. — Chasse à la glue.

Des oiseaux de toute espèce se font prendre au piége.

BEERSTRATEN

2. — Marine.

BÉGUIN (Abraham)

3. — Paysage avec animaux.

BERGHEM (*École de*)

4. — L'Embarquement des bestiaux.

BONNINGTON

5. — Paysage; effet d'orage.

BOSCHAERT

6. — Vase de fleurs.

BOSCHAERT

7. — Vase de fleurs.

BOUCHER (F.)

8. — Le Marchand de pommes.

BOUCHER (F.)

9. — Sujet allégorique; l'Histoire.

BOURGUIGNON

10. — Campement de cavaliers près d'un château en ruine.

BOURGUIGNON

11. — Choc de cavalerie.

Pendant du précédent.

BREDA (Van)

12. — Bataille.

BREUGHEL DE VELOURS

13. — Paysage.

BRILL (Paul)

14. — Paysage avec personnages.

BRUANDET

(Signé et daté 1786.)

15. — Paysage et laveuses.

CASQUEL

16. — Village au bord de la mer, avec grand nombre de figures.

COYPEL

17. — Le Repos de Diane.

CUYP (A.)

(Signé.)

18. — Vue de Hollande.

DUJARDIN (Karel)

19. — Le Joueur de tambourin.

DYCK (*Ecole de* Van)

20. — Portrait de Mme de Montespan.

EISEN

21. — Le Nid.

EISEN

22. — Le Galant Jardinier.

EVERDINGEN

23. — Rochers et Cascade.

FRAGONARD

24. — La Dénicheuse.

FRAGONARD

25. — Esquisse de concours.

FYT

26. — Sortie de l'arche.

Grande et belle toile décorative.

GANDOLFI

27. — Eurydice et Orphée sortant des enfers.

28. — Diane regardant Endymion.

29. — Hercule enchaînant Cerbère.

30. — Eurydice piquée par un serpent.

31. — Mercure endormant Argus.

32. — Argus endormi.

Cette collection de six panneaux, formant une décoration d'appartement, provient du palais de M. le comte Marescalchi, à Florence.

GIORDANO (LUCCA DE)

33. — Vierge, Enfant Jésus et Ange.

GORP (VAN)

34. — L'Amour guidant l'Étude.

GOYEN (VAN)

(Monogramme, 1643.)

35. — Paysage et animaux.

GOYEN (VAN)

36. — Monuments au bord d'un canal.

GREUZE (J.-B.)

37. — Étude de la petite sœur.

GUARDI

38. — Port de mer.

HÉDA (Van)

39. — Nature morte.

HEEM (David de)

40. — Fruits posés sur un tapis.

HIRE (Laurent de la)

41. — Coup de vent; paysage avec animaux et personnages.

HUET

42. — L Amour corrigé.

HUET

43. — La Visite à la ferme.

JANSON (Van)

44. — Vue de Venise.

JORDAENS

45. — Homme se chauffant.

KABEL (Van der)

46. — Port de mer italien avec monuments et personnage

KAUFFMANN (Angelica)

47. — Le Portrait.

LACROIX

48. — Marine avec figures et monuments; effet de soleil couchant.

LAFOSSE

49. — Enfance de Bacchus.

LAMBRECHT

50. — La Dormeuse.

LANTARA

51. — Paysage; soleil couchant.

LAURI (Philippe)

52. — Magdeleine.

LEBRUN (Vigée Mme)

53. — Portrait de femme.

LEBRUN

54. — Portrait de Louis XIV en cuirasse.

LEMOINE

55. — Fermière ramenant ses bestiaux.

LOCATELLI

56. — Marine.

LORRAIN (CLAUDE)

57. — Paysage.

MAGNASCO

58. — Paysage avec figures.

MARILHAT

(Signé.)

59. — Vue d'Italie.

MICHEL

60. — Vue des environs de Paris.

MICHEL

61. — Paysage, effet d'orage.

MIGNARD

62. — Portrait de Mlle de Lavallière.

MOLENAER

63. — Intérieur hollandais.

MOLENAER

64. — Effet de neige; patineurs.

MOLYN (Pierre)

65. — Ruines monumentales dans un paysage.

MOLYN (P.)

66. — Paysage; marine.

MOLYN (P.)

67. — Village au bord d'un cours d'eau avec personnages.

MONNOYER (Baptiste)

68. — Fleurs dans un vase.

Très-belle composition.

MOREAU

69. — Vue du château de Versailles.

MOREAU

70. — Environs de Versailles.

MURILLO (*Ecole de*)

71. — Moïse frappant le rocher.

NATTIER

72. — Portrait de Mlle Camargo.

NATOIRE

73. — Nymphes endormies, surprises par des satyres.

NEER (VAN DER)

74. — Effet de lune.

PANINI

75 — Ruines et figures.

PANINI

76. — Monuments et figures.

PETERS (B.)

77. — Mer houleuse.

POOL (Van der)

78. — Incendie.

POUSSIN (Nicolas)

79. — Darius faisant ouvrir le tombeau de Niotrix.

ROBUSTI (Domenico)

80. — Saint Pierre dictant l'Évangile.

ROSA (Salvator)

81. — Paysage et cascade.

ROSA (Salvator)

82. — Paysage.

ROOS DE TIVOLI

83. — Paysage avec figures et animaux.

Grande toile décorative.

ROOS DE TIVOLI

(Signé.)

84. — Le Marché aux bestiaux.

RUBENS

85. — Portrait de Henriette d'Angleterre.

SCHALKEN

86. — La Mort de Cléopâtre.

SCHÉNEAU

87. — La Surprise.

SCHOWAERTS

88. — Le Marché.

SWEBACK

89. — Scène villageoise.

TÉNIERS (DAVID)

90. — Intérieur flamand.

TIEPOLO

91. — Vierge.

TILBORG

92. — Le Laboratoire de l'alchimiste.

UDEN (L. Van)

93. — Vue d'une place publique, avec monuments et personnages.

VACCARO (Andrea)

94. — Sainte Madeleine en extase.

VERNET (J.)

95. — Le Coup de vent.

VERNET (L.)

96. — Vaches au pâturage.

WALKENBURG

97. — Lièvre pendu par une patte et accessoires de chasse.

WERFF (Van der)

98. — La Cuisinière hollandaise.

WOUVERMAN (P.)

99. — La Halte à la fontaine.

WOUVERMAN (Pierre)

100. — Le Marché aux chevaux.

ÉCOLE GOTHIQUE

101. — Ecce Homo.

ÉCOLE FRANÇAISE

102. — Portrait de Marie-Antoinette.

103. — Plusieurs tableaux non catalogués.

104. — Cadres en bois sculpté.

PARIS. — J. CLAYE, IMPRIMEUR, 7, RUE SAINT-BENOIT. — [694]

www.ingramcontent.com/pod-product-compliance
Ingram Content Group UK Ltd.
Pitfield, Milton Keynes, MK11 3LW, UK
UKHW022153260726
13993UKWH00005B/2346

9 782329 505466